LOS PLANETAS

SATURNO

Alexis Roumanis

SPANISH & ENGLISH eBOOKS
AV2
BY WEIGL
ADDED VALUE · AUDIO VISUAL

www.av2books.com

El enriquecido libro electrónico AV² te ofrece una experiencia bilingüe completa entre el inglés y el español para aprender el vocabulario de los dos idiomas.

This AV² media enhanced book gives you a fully bilingual experience between English and Spanish to learn the vocabulary of both languages.

Spanish

English

Navegación bilingüe AV²
AV² Bilingual Navigation

CHANGE LANGUAGE
ENGLISH | SPANISH
OPCIÓN DE IDIOMA
LANGUAGE TOGGLE

BACK | NEXT
CAMBIAR LA PÁGINA
PAGE TURNING

CERRAR
CLOSE

INICIO
HOME

VISTA PRELIMINAR
PAGE PREVIEW

SATURNO

ÍNDICE

3

¿Qué es Saturno?

Saturno es un planeta que se mueve alrededor del Sol. Saturno es el sexto planeta desde el Sol.

Sol

Mercurio

Venus

Tierra

Marte

Ceres

Júpiter

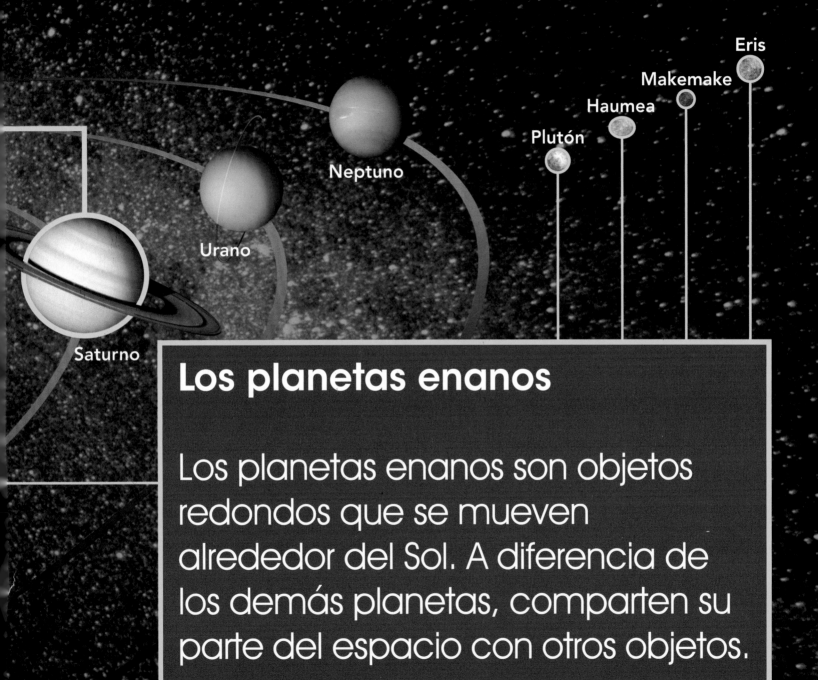

Eris

Makemake

Haumea

Plutón

Neptuno

Urano

Saturno

Los planetas enanos

Los planetas enanos son objetos redondos que se mueven alrededor del Sol. A diferencia de los demás planetas, comparten su parte del espacio con otros objetos.

¿Qué tamaño tiene Saturno?

Saturno es el segundo planeta más grande. Es más de 700 veces más grande que la Tierra.

Saturno

Tierra

¿De qué está hecho Saturno?

Saturno es un gigante gaseoso. No es rocoso como la Tierra. Saturno está compuesto por gases que se mueven rápidamente.

9

¿Qué aspecto tiene Saturno?

Saturno parece como si tuviera rayas. Estas rayas son nubes de gas. Las nubes de gas forman líneas amarillas y doradas alrededor del planeta.

¿Qué son los anillos de Saturno?

Saturno tiene anillos que forman círculos a su alrededor. Están hechos de pedazos de roca y hielo. Hay siete anillos diferentes alrededor del planeta.

13

Saturno

Titán

14

¿Qué son las lunas de Saturno?

Saturno tiene 53 lunas conocidas. La más grande se llama Titán. Titán es la única luna conocida que tiene nubes.

Titán

15

¿Quién le dio el nombre a Saturno?

Saturno fue el planeta más alejado del Sol que pudieron ver los antiguos romanos. Lo llamaron Saturno, por el dios de la agricultura y la cosecha.

17

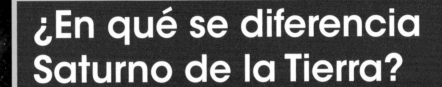

¿En qué se diferencia Saturno de la Tierra?

Saturno es el menos sólido de los planetas. La Tierra es el más sólido. Los gases hacen que Saturno sea menos sólido que la Tierra.

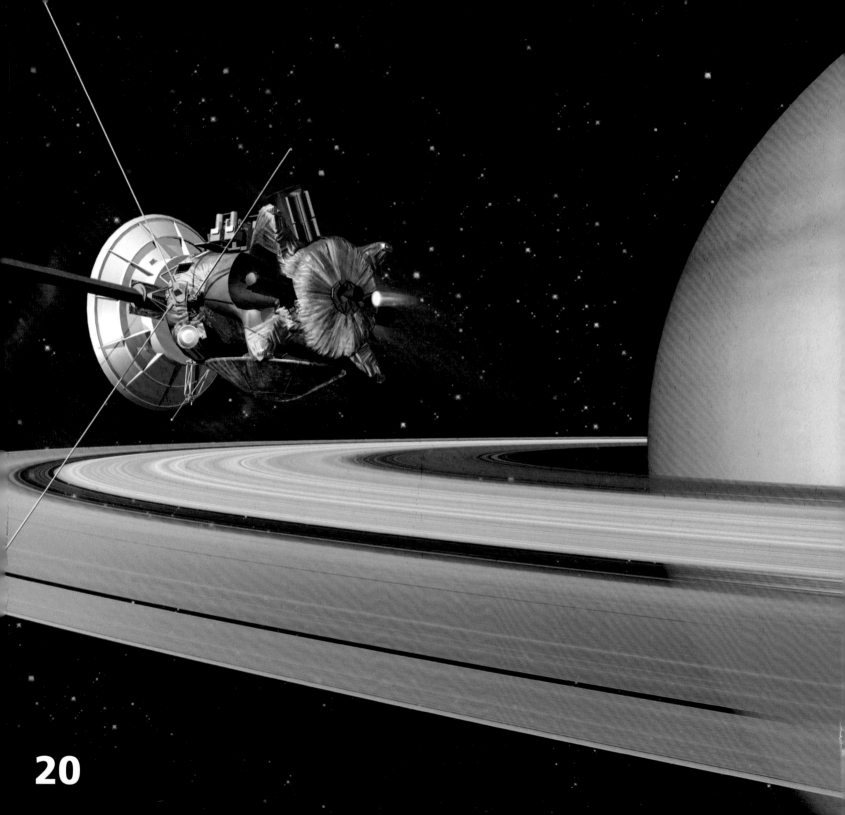

¿Cómo tenemos información sobre Saturno hoy?

Los científicos envían al espacio vehículos llamados sondas para estudiar el sistema solar. Una sonda espacial llamada *Cassini* ha estado estudiando a Saturno desde 2004. Ha descubierto nuevas lunas alrededor del planeta.

DATOS SOBRE SATURNO

Estas páginas contienen más detalles sobre los interesantes datos de este libro. Están dirigidas a los adultos, como soporte, para que ayuden a los jóvenes lectores a redondear sus conocimientos sobre cada planeta presentado en la serie *Los planetas*.

Páginas 4–5

Saturno es un planeta. Los planetas son objetos redondos que se mueven, u orbitan, alrededor de una estrella y tienen la suficiente masa para limpiar a los objetos más pequeños de sus órbitas. El sistema solar de la Tierra tiene ocho planetas, cuatro planetas enanos conocidos y muchos otros objetos espaciales que orbitan alrededor del Sol. Saturno está a 886 millones de millas (1.427 millones de kilómetros) del Sol. Saturno tarda 10.755 días terrestres en orbitar alrededor del Sol.

Páginas 6–7

Saturno es el segundo planeta más grande. Solo Júpiter es más grande. La gravedad es una fuerza que atrae a los objetos hacia el centro de un planeta. La fuerza de gravedad de Saturno es casi iguala la de la Tierra. Un objeto terrestre de 100 libras (45 kilogramos) pesaría 107 libras (48,5 kg) en Saturno.

Páginas 8–9

Saturno es un gigante gaseoso. Saturno está compuesto principalmente por hidrógeno y helio. En el centro del planeta se encuentra su núcleo. Los expertos creen que el núcleo es mayormente una mezcla de agua, hielo y roca. La intensidad de la presión y el calor mantienen al núcleo en estado sólido. La atmósfera son gases que rodean a un planeta. Los gases de la atmósfera se mueven a velocidades de 1.640 pies (500 metros) por segundo.

Páginas 10–11

Saturno parece como si tuviera rayas. Visto a través de un telescopio, Saturno parece tener franjas amarillas y doradas. Estas franjas son nubes de gas generadas por los fuertes vientos de Saturno y por el calor emanado desde el interior del planeta. Saturno es muy brillante. Desde la Tierra, Saturno se ve como una estrella amarillenta. A diferencia de las estrellas, Saturno no parece titilar sino que, como los demás planetas, brilla con luz fija.

Saturno tiene anillos que forman círculos a su alrededor. Saturno no es el único planeta con anillos. Júpiter, Urano y Neptuno también tienen anillos. Los anillos de Saturno son los más grandes y fáciles de ver. La roca y el hielo de los anillos tienen diferente tamaño. Algunos están compuestos por diminutas partículas de polvo, otros por enormes bloques del tamaño de una montaña. Los expertos creen que los anillos de Saturno son fragmentos de asteroides y cometas que se partieron en pedazos antes de llegar al planeta.

Saturno tiene 53 lunas conocidas. Los astrónomos han descubierto nueve lunas transitorias alrededor de Saturno. A Saturno y sus lunas se lo llama el sistema saturniano. Titán es la segunda luna más grande del sistema solar. Su atmósfera es similar a la que probablemente fuera la atmósfera terrestre antes del desarrollo de la vida. El 95 por ciento de la atmósfera de Titán está compuesto por nitrógeno, con trazas de metano.

Saturno fue el planeta más alejado del Sol que pudieron ver los antiguos romanos. También tenía la órbita más lenta de todos los planetas que podían ver. Además del planeta, los antiguos romanos también le dieron el nombre de Saturno a un día de la semana. La palabra "Saturday" en inglés, viene de la frase *dies Saturni*, que significa "Día de Saturno".

Saturno es el menos sólido de los planetas. Saturno es mucho más grande que la Tierra. Unos 764 planetas del tamaño de la Tierra entrarían dentro de Saturno. Aunque Saturno es el planeta más grande, está compuesto principalmente por gases, mientras que la Tierra está compuesta por rocas. Los gases son menos densos que las rocas. Por eso, la Tierra es casi ocho veces más densa que Saturno.

Los científicos envían al espacio vehículos llamados sondas para estudiar el sistema solar. Desde que llegó cerca de Saturno, la sonda *Cassini* ha descubierto varias lunas. En 2005, descubrió una luna llamada Dafne dentro de los anillos de Saturno. También se ha utilizado a *Cassini* para encontrar ríos y lagos de metano en la superficie de Titán. *Cassini* llevó a Titán una sonda espacial más pequeña llamada *Huygens*, que arribó a Titán en 2005. *Huygens* envió a la Tierra fotografías de la superficie de Titán.

¡Visita www.av2books.com para disfrutar de tu libro interactivo de inglés y español!
Check out www.av2books.com for your interactive English and Spanish ebook!

1 **Entra en www.av2books.com**
Go to www.av2books.com

2 **Ingresa tu código**
Enter book code

N342794

3 **¡Alimenta tu imaginación en línea!**
Fuel your imagination online!

www.av2books.com

Published by AV² by Weigl
350 5th Avenue, 59th Floor
New York, NY 10118
Website: www.av2books.com

Library of Congress Control Number: 2015954041

ISBN 978-1-4896-4452-7 (hardcover)
ISBN 978-1-4896-4454-1 (multi-user eBook)

Printed in the United States of America in Brainerd, Minnesota
1 2 3 4 5 6 7 8 9 0 20 19 18 17 16

042016
101515

Weigl acknowledges Getty Images and iStock as the primary image suppliers for this title.

Project Coordinator: Jared Siemens
Spanish Editor: Translation Cloud LLC
Art Director: Terry Paulhus